AF494972

VENTE DU 2 MAI 1894

(HOTEL DROUOT)

CATALOGUE

DE

LIVRES RARES

ANCIENS ET MODERNES

DESSINS, GRAVURES, LITHOGRAPHIES, AUTOGRAPHES

ET DOCUMENTS DIVERS

Livres d'Heures. MANUSCRITS du XVe siècle sur VÉLIN. — Heures à l'usage d'Angers. *Paris, Simon Vostre*, 1510, grand in-8. Exemplaire sur VÉLIN ; riche reliure mosaïquée du XVIe siècle. — Galerie du Palais-Royal, figures AVANT LA LETTRE. — Markée. Costumes des ordres religieux et militaires. Suite de HUIT CENT NEUF DESSINS ORIGINAUX. — Marguerites de la Marguerite, 1547 (*Rel. anc.*). — Fables de La Fontaine : *Paris*, 1678-1694, 5 vol. in-12, PREMIÈRE ÉDITION COMPLÈTE ; *Paris*, 1755-59, 4 vol in-fol. Exemplaire sur GRAND PAPIER ; PREMIER TIRAGE des figures d'Oudry. — Contes de La Fontaine. Exemplaires en reliures anciennes de l'édition des *Fermiers Généraux*. — Boccace. Le Décaméron. *Londres*, 1757, 5 vol. (*Rel. anc.*). — Entrée de Charles IX à Paris. *Paris, Codoré*, 1572, in-4. Riche reliure de Lortic en maroquin doublé et mosaïqué. — Brunet. Manuel du Libraire ; Supplément et Dictionnaire de Géographie ; 9 vol. in-8, demi-rel. mar. avec coins. Superbe exemplaire. — Lelong (le P.) Bibliothèque historique de France. *Paris*, 1768-78, 5 vol. in-fol. Très bel exemplaire sur GRAND PAPIER aux armes de TURGOT. — Le Pautre. Compositions et ornements divers ; 708 planches. — Recueil de portraits des personnages de la cour de Louis XIV. Précieuse suite de 169 portraits. — Bertelli. Diversarum nationum habitus : 263 planches. — Dessins de Diaz et Fromentin. — Lithographies de Casti, Coindre, Collette, H. Meyer, Maurou, etc — Autographes divers d'hommes d'État, ministres, académiciens, savants, officiers, acteurs et actrices. — Etc. etc.

PARIS

ÉM. PAUL, L. HUARD ET GUILLEMIN

Libraires de la Bibliothèque Nationale

28, RUE DES BONS-ENFANTS, 28

1894

Tours, Imp. TOURANGELLE, Suppligeon gérant., 20-22, rue de la Préfecture

LA VENTE AURA LIEU

Le Mercredi 2 mai 1894

à deux heures précises du soir

A L'HOTEL DES COMMISSAIRES-PRISEURS, RUE DROUOT, 9

SALLE N° 10

Par le ministère de Me MAURICE DELESTRE, Commissaire-Priseur,

27, RUE DROUOT

Assisté de MM. ÉM. PAUL, L. HUARD et GUILLEMIN

LIBRAIRES-EXPERTS

28, RUE DES BONS-ENFANTS

ORDRE DE LA VACATION

Numéros	83 à 142
—	1 à 67
—	74 à 82
—	143 à 173
—	68 à 73

CONDITIONS DE LA VENTE

La vente se fait expressément au comptant.

Les acquéreurs payeront 5 pour cent en sus des enchères, applicables aux frais.

Il y aura exposition le jour de la vente, de 1 à 2 heures.

Les livres devront être collationnés dans les vingt-quatre heures de l'adjudication. Passé ce délai, ou une fois sortis de la salle de vente, ils ne seront repris pour aucune cause.

Les Libraires, chargés de la vente, rempliront les commissions des personnes qui ne pourraient y assister.

CATALOGUE

DE

LIVRES RARES

DE LITHOGRAPHIES

D'AUTOGRAPHES ET DE DOCUMENTS DIVERS

OUVRAGES DIVERS

1. LIVRE D'HEURES EN LATIN. In-8 de 87 ff. miniatures, mar. olive, dos et plats ornés, tr. dor. (*Rel. anc.*)

   MANUSCRIT du XVe siècle, sur VÉLIN, orné de DEUX GRANDES MINIATURES divisées en deux compartiments, d'une petite miniature, de onze grandes et belles lettres majuscules en couleur sur fond d'or mesurant 45 mill. carrés, et d'une multitude d'initiales en or sur fond de couleur.
   Les pages où se trouvent les deux grandes miniatures et les onze grandes lettres majuscules, sont encadrées de belles bordures.
   D'après une note manuscrite récente, qui se trouve sur le premier f., ce livre aurait appartenu à CATHERINE DE BOURBON, duchesse de Lorraine, sœur d'Henri IV ; le chiffre de cette princesse, deux C entrelacés, se trouve, en effet, répété à l'infini sur le dos et les plats de la reliure, dans des compartiments en losange au pointillé, mais comme plusieurs personnages illustres du XVIe siècle ont eu ce même chiffre, cette attribution paraît problématique. Le volume est incomplet du premier f. du calendrier et de un ou plusieurs ff. à la fin ; deux lettres initiales, une grande et une petite, ont été coupées. Les deux grandes miniatures sont un peu détériorées.
   Hauteur : 185 mill.

2. CES PRESENTES HEURES a lusaige de Romme, *furët ache || vées le* XXV *iour de février. Lan M. CCCCIIIIXX et || dix-sept. Pour Simon Vostre, libraire, demourant à Paris*

a la rue neuve notre dame, a lymaige sainct jehan levan || geliste. || (1497), in-8, fig. et bordures, v. r. dos orné, large encadrem. doré et mosaïqué de v. bleu, chiffre (lettre B) en v. bleu au centre du premier plat, doublé de moire rose, dent. tr. r. fermoirs. (*Martin.*)

Edition rare imprimée par Philippe Pigouchet, dont la marque figure au-dessus du titre donné plus haut. Elle est remarquable par ses belles figures sur bois et ses bordures variées dans lesquelles on remarque, en dehors des Histoires religieuses : des arabesques, des grotesques et la Danse des morts, le tout sur fond criblé, des scènes populaires, jeux d'enfants, etc.

Exemplaire sur VÉLIN avec les initiales et les bouts de lignes peints en or et couleur, incomplet des ff. A viii, B i, D viii, et de 6 ff. au cahier I. — Tache à quelques ff. et une vignette découpée au fol. K iii; la marque de Pigouchet, et l'homme anatomique sont coloriés.

Hauteur : 159 mill.

3. CES PRESENTES HEURES A LUSAIGE DĀGIERS au || long sans riens requerir avec les miracles Nostre || Dame et les figures de lapocalipse et des triūphes || de Cesar. || *S. l. n. d.* (*Paris, Simon Vostre, almanach de 1510 à 1530*), gr. in-8, fig. et bordures, mar. r. fil. et dorure au pointillé, comp. en mosaïque de mar. noir et gris, armoiries, tr. dor. (*Rel. anc.*)

Edition de la plus grande rareté et un des livres de Simon Vostre le plus richement ornés. Le volume comprend en tout, 100 ff., sign. a et b par 8 ff., c 4 ff., d à h par 8 ff., i 6 ff., k 4 ff., ā, ē, i, 8 ff. chaque. ō 6 ff. et renferme en dehors de la marque de Simon Vostre et de l'*Homme anatomique*, 14 figures à pleine page, 8 grandes figures entourées d'une bordure, 2 figures moyennes, et de nombreuses petites vignettes dans le texte. Les petits sujets qui se trouvent dans les bordures sont extrêmement variés, on y remarque la plupart des suites qui figurent dans les diverses éditions des Heures publiées par S. Vostre : scènes populaires, jeux d'enfants, histoires religieuses, danse des morts, etc., parfois accompagnées de vers français. On remarque, en outre, dans le volume, de nombreuses prières en français, en vers et en prose.

Exemplaire sur VÉLIN, grand de marges, placé dans une reliure du XVIe siècle, à riches compartiments, avec les armoiries d'un cardinal ajoutées au centre des plats. Les grandes figures sont coloriées et quelques-unes un peu détériorées.

Hauteur : 234 mill.

---

4. Les Essais de Michel, seigneur de Montaigne... *Amsterdam, Michiels,* 1659. 3 vol. in-12, portrait-front. vélin moderne. (*Lemardeley.*)

Edition très recherchée, sortie des presses de Foppens et qui s'annexe à la collection elzevirienne (Willems, *les Elzevier*, n° 1982).

Exemplaire grand de marges ; hauteur : 156 mill.

5. Traicté de la conformité du langage français avec le grec... duquel l'auteur est Henri Estienne. *S. l. n. d.* (*Paris, Robert Estienne,* 1569), in-8 de 18 ff. prél. non ch. et 171 pp. mar. r. dos orné, fil. comp. et milieu dor. encadr. de dent. à fr. dent. int. tr. dor. étui de perc. doublé de peau. (*Lortic.*)

Jolie et rare édition de ce traité fort curieux.
Bel exemplaire.

6. Q. Horati (*sic*) Flacci Emblemata, imaginibus in æs incisis, notisque illustrata, studio Othonis Væni. *Antverpiæ, Verdussen,* 1607. in-4, fig. sur cuivre, v. jaspé, dos orné.

Edition recherchée, ornée de 103 belles planches gravées sur cuivre par Otto Vænius, et qui se trouvent ici en PREMIER TIRAGE. Elles sont accompagnées d'un texte en latin, français, allemand, italien et espagnol.
Bel exemplaire.

7. Lucano poeta y historiador antiguo : en que se tratan las guerras Pharsalicas. Traduzido de latin en romance castellano par Martin Lasso de Oropesa. *Anvers, Juan Cordier,* 1585, in-8, mar. r. fil. tr. dor. (*Rel. anc.*)

Exemplaire aux armes et au chiffre de CHARLES D'ORLÉANS-VALOIS, duc d'ANGOULÊME, fils naturel de Charles IX. — Mouillure.

8. Le Livre des Cent Ballades, contenant des conseils à un chevalier pour aimer loialement, et les responses aux ballades, publié...... avec une Introduction des Notes historiques et un Glossaire, par le marquis de Queux de Saint-Hilaire. *Paris Maillet,* 1868, in-8°, demi-rel. mar. r. avec coins, dos orné, fil. tête dor. ébarbé. (*Pouget.*)

Bel ouvrage imprimé par Louis Perrin, à Lyon, avec chaque page entourée d'un filet rouge; il n'a été tiré qu'à un petit nombre d'exemplaires numérotés (n° 318).
Bel exemplaire.

9. FABLES CHOISIES, mises en vers par J. de La Fontaine, *Paris, Desaint et Saillant,* 1755-59, 4 vol. in-fol. front. portr. par Largillière et fig. d'Oudry, v. ant. écaille, dos orné, fil. tr. dor.

Magnifique édition.
Exemplaire sur PAPIER DE HOLLANDE avec la planche de la fable *Le Singe et le Léopard* en épreuve du PREMIER TIRAGE.
La table du tome IV manque et a été remplacée par celle du tome II.

10. CONTES ET NOUVELLES EN VERS, par M. de La

Fontaine. *Amsterdam, (Paris)*, 1762, 2 vol. in-8, portr. fig. d'Eisen et culs-de-lampe par Choffard, mar. r. dos orné, fil. dent. int. tr. dor. (*Rel. anc.*)

Exemplaire de l'édition dite des *Fermiers Généraux*, avec la figure du *Remède* de PREMIER TIRAGE. *Ex-libris* L. DOUBLE.

11. Le Bijou de Société, ou l'Amusement des Grâces *A. Paphos, l'An des plaisirs, s. d.* 2 vol. pet. in-12, texte gravé, fig. v. ant. écaille, dos orné, fil. tr. dor.

Recueil d'épigrammes orné de 101 figures attribuées à Desrais ou Leclerc.

12. Le Joujou des Demoiselles. *S. l. n. d.* (*Paris*, 1752), pet. in-4, texte gravé, front. d'Eisen et vign. non signées, papier de Hollande, mar bleu, dos orné, large dent. et milieu sur les plats, doublé de cuir de R. dent. petit amour au centre, tr. dor. (*Chatelin.*)

Bel exemplaire.

13. LE THÉATRE DE P. CORNEILLE, reveu et corrigé par l'autheur. *Imprimé à Rouen, et se vend à Paris, chez Augustin Courbé et G. de Luyne*, 1660, 3 vol. in-8, front. et fig. gr. sur cuivre, mar. r. jans. dent. int. tr. dor. (*Cuzin.*)

Excellente édition soigneusement révisée par Corneille.
Belles épreuves des figures.

14. LES ŒUVRES DE MONSIEUR DE MOLIÈRE. *Paris, Thierry, Barbin et Trabouillet*, 1681, 5 vol. — Les Œuvres posthumes de Monsieur de Molière. *Lyon, Jacques Lyons*, 1690. — Ens. 6 vol. in-12, mar. r. dos orné, fil. dent. int. tr. dor. (*David.*)

Edition rare, imprimée sans doute à Lyon pour le compte de D. Thierry et de Cl. Barbin, ainsi que le fait supposer la parfaite conformité des caractères d'impression du tome VI avec ceux des 5 premiers volumes.

15. THÉATRE COMPLET DE J.-B. POQUELIN DE MOLIÈRE, publié par D. Jouaust. Préface par M. D. Nisard ; dessins de Louis Leloir, gravés à l'eau-forte par Flameng. *Paris, Librairie des Bibliophiles*, 1876-83, 8 vol. gr. in-8, portr. et pl. à l'eau-forte, br.

Un des 100 exemplaires sur GRAND PAPIER DE HOLLANDE de cette magnifique édition, avec la suite des figures en double état : avec et AVANT LA LETTRE.

16. LE TEMPLE DE GNIDE (par Montesquieu). Nouvelle édi-

tion, avec figures gravées par Le Mire d'après Eisen. *Paris, Le Mire*, 1772, gr. in-8, texte gravé, front. et fig. d'Eisen, mar. r. jans. dent. int. tr. dor. (*Chambolle-Duru.*)

Bel exemplaire du tirage in-4, avec la seconde planche de *Céphise* en épreuve du PREMIER TIRAGE.

17. Etudes de Mœurs au XIXe siècle, par M. de Balzac, *Paris, Mme Charles-Béchet*, 1834-1835, 12 vol. in-8, br. couvertures.

PREMIÈRE ÉDITION COMPLÈTE des trois séries, renfermant : *Scènes de la vie privée*, 4 vol. — *Scènes de la vie de province*, 4 vol. — *Scènes de la vie parisienne*, 4 vol.

Quatre des volumes ont des couvertures datées de 1837 et 1838, et portant le nom de *Werdet*.

18. IL DECAMERONE DI M. GIOVANNI BOCCACCIO, *Londres* (*Paris*), 1757, 5 vol. in-8, portr. front. fig. et culs-de-lampe, par Gravelot, Boucher, Cochin et Eisen, mar. r. dos orné, fil. tr. dor. (*Rel. anc.*)

Exemplaire avec témoins, possédant plusieurs épreuves paraphées, signe distinctif du PREMIER TIRAGE.

19. La Vie et les Avantures surprenantes de Robinson Crusoe. Traduit de l'anglais (de Daniel De Foe, par Sainte Hyacinthe et Van Effen). *Amsterdam, L'Honoré et Chatelain*. 1720-21, 3 vol. in-12, front. cartes et fig. de Bernard Picart, mar. r. dos orné, fil. dent. int. tr. dor. (*Pouillet.*)

20. L'Introduction au Traité de la Conformité des merveilles anciennes avec les modernes, ou Traité préparatif à l'Apologie pour Hérodote, par Henri Estienne. *S. l. l'an 1566, au mois de novembre*, in-8 de 16 ff. prél. non ch. 572 pp. et 1 f. blanc, mar. r. dos orné, fil. comp. et milieu dor. encadr. de dent. fleurdelisée à fr. dent. int. tr. dor. et ciselée, étui de perc. doublé de peau. (*Lortic.*)

EDITION ORIGINALE, rare et recherchée.

Bel exemplaire avec la page 280 *non cartonnée*.

21. PETITE COLLECTION DES CHEFS-D'ŒUVRE ANTIQUES. *Paris, Quantin*. 1878-89, 14 vol. in-32, texte encadré, vign. en camaïeu ou en grisaille, br.

Anacréon et Sapho. Poésies. — Apollonius. Jason et Médée. — Apulée. L'Amour et Psyché. — Catulle. Odes et Epithalame. — Horace. Odes et Epodes. — Longus. Daphnis et Chloé. — Lucien. Dialogues des Courtisanes. — Lucius. L'Ane. — Musée. Héro et Léandre. —

Ovide. Les Amours, — Properce. Les Elégies. — Tatius. Leucippe et Clitophon. — Théocrite. Idylles. — Virgile. Bucoliques.
Charmante collection, bien complète.
Un des 50 exemplaires sur PAPIER DU JAPON.

22. Œuvres complettes de M. de Saint-Foix, historiographe des ordres du Roi. *Paris, Vve Duchesne*, 1778, 6 tomes en 8 vol. in-8, portr. front. et figure par Marillier, mar. r. fil. tr. dor. (*Rel. anc.*)

Bel exemplaire sur GRAND PAPIER DE HOLLANDE, couvert d'une très fraîche reliure ancienne.

23. Opuscules de M. A.-A. Barbier, bibliothécaire du Roi. *Paris*, 1825, in-8, demi-rel. mar. r. avec coins, non rog. (*Hering.*)

RECUEIL UNIQUE formé par M. DE CHATEAUGIRON, et pour lequel ce célèbre bibliophile a fait imprimer spécialement un titre et une table; il contient en outre TROIS LETTRES AUTOGRAPHES de BARBIER, relatives à ce volume.

Ces opuscules sont au nombre de 20 dont 18 sont indiqués dans la table imprimée qui suit le titre ; les deux derniers qui ne figurent pas dans la table sont : *Notice des principales éditions des Fables et des Œuvres de La Fontaine*. — *Mémoire inédit remis par Louis XIV à l'Archevêque de Reims, Le Tellier, sur l'inconduite du marquis de Barbesieux, son neveu.*

Le volume contient en outre des opuscules sur Barbier et sur le *Dictionnaire des Anonymes.*

Quoique le titre porte *Tome I*, ce recueil est complet tel qu'il est, c'est-à-dire qu'il renferme, croyons-nous, tous les opuscules de l'éminent bibliographe ; le dernier est daté de Novembre 1825 et Barbier est mort le 5 Décembre de cette même année.

24. MÉLANGES de littérature et d'histoire recueillis et publiés par la Société des bibliophiles français. *Paris, Impr. de Crapelet*, 1850, in-8, mar. r. fil. à fr. doublé de mar. r. large dent. tr. dor.

L'un des 24 exemplaires sur GRAND PAPIER (nº 10) tiré pour M. LÉON TRIPIER, membre de la Société.

Ce volume contient : Notice sur Marie Adélaïde de Savoye, duchesse de Bourgogne. — Lettres de la duchesse de Bourgogne. — Catalogue de la bibliothèque des ducs de Bourbon, en 1524. — Aide payé par les habitants du diocèse de Paris pour la rançon du roi Jean. — Notice sur un missel du XVe siècle. — Du Caractère dit de *civilité*. — Note sur un papier du XIIIe siècle. — Recette de l'encre employée par Tanneguy Le Fevre.

---

25. Abrégé chronologique de l'Histoire de France, par le Sr de Mézeray. *Amsterdam, Wolfgang*, 1673, 4 tomes en 6 vol. in-12. — Histoire de France avant Clovis, par le Sr de Mézeray. *Amsterdam, Wolfgang*, 1688. — Ens. 7 vol.

in-12, titres front. et portr. gr. mar. vert foncé, fil. à fr. dent. int. tr. dor. (*Lortic.*)

Édition la plus recherchée de l'*Abrégé* de Mézeray.
Bel exemplaire. Hauteur : 155 mill.

26. ENTRÉES, COURONNEMENTS ET FÊTES. — Réunion de 5 ouvrages en 1 vol. in-4, fig. sur bois, demi-rel. bas. ant. tr. r.

1° C'est l'ordre qui a esté tenu à l'entrée... du Roy Henry deuziéme, en sa bonne ville et cité de Paris, le seziéme jour de Juin 1549. — C'est l'ordre tenu au Sacre et couronnement de Madame Catharine de Médicis, faict en l'Eglise Sainct Denis le x jour de Juin 1549. — *Paris, Jacques Roffet*, 1549. — Ens. 2 parties, 10 planches gravées sur bois attribuées à Jean Cousin (incomplet de 1 pl.).

2° Bref et sommaire recueil de la joyeuse et triumphante entrée de Charles IX à Paris... avec le couronnement de Madame Elizabet d'Autriche son épouse... *Paris, Denis du Pré*, 1572 ; 10 figures, gr. sur bois par Codoré.

3° Sacre et Couronnement de Madame Elizabet d'Austriche, faict en l'abbaie de Sainct Denis le 25 Mars 1571. *Paris, Denis du Pré*, 1571 ; 3 parties, 6 fig. sur bois de Codoré.

4° La Sompteueuse et magnifique entrée du Roy Henry III, en la cité de Mantoüe. *Paris, Chesneau*, 1576 ; 8 figures sur cuivre attribuées au Primatice.

5° L'Ordre et Cérémonies observées aux mariages de France et d'Espagne, à sçavoir entre Louys XIII et Anne d'Austriche, et entre Philippe IV, roi d'Espagne et Elizabet de France. *Paris, Edme Martin*, 1627.

Toutes les pièces qui forment ce recueil sont fort rares et très recherchées à cause des jolies figures dont elles sont ornées.

Quelques taches ; plusieurs lettres ornées et fleurons ont été peints en or et en couleur.

27. BREF ET SOMMAIRE RECUEIL de ce qui a esté faict et de l'ordre tenüe à la joyeuse et triumphante entrée de... tres-chrestien Prince Charles IX de ce nom Roy de France, en sa bonne ville et cité de Paris, capitale de son Royaume, le mardy sixiesme jour de Mars (1571). Avec le couronnement de tres-haut... Princesse Madame Elisabet d'Autriche son espouse, le dimanche vingtcinquiesme. Et Entrée de ladicte dame en icelle ville le jeudi xxix dudict mois de Mars, M. D. LXXI (par Simon Bouquet, avec des pièces de vers par Dorat, Ronsard, etc.). — Au Roy, congratulation de la paix faite par Sa Majesté entre ses subjectz l'unziesme jour d'Aoust 1570 (par Estienne Pasquier, Parisien). — *A Paris, de l'Imprimerie de Denis du Pré, pour Olivier Codoré* 1572. — Ens. 4 parties en 1 vol. in-4, fig. sur bois, mar. grenat, dos orné et mosaïqué, fil. comp. et entrelacs en mosaïque de mar. bleu, vert, rouge, gris, etc., doublé

de mar. rouge, semis de fleurs de lis et de doubles C couronnés, armes de France au centre, gardes de moire grenat, tr. dor. et ciselée, étui de mar. vert. (*Lortic.*)

PREMIÈRE ÉDITION, très rare, ornée de remarquables figures dues à Olivier Codoré, *tailleur et graveur sur pierres fines*. Il est fort rare de trouver ces 4 parties ainsi réunies.

Bel exemplaire ; très riche reliure d'une exécution parfaite.

28. Atlas des anciens plans de Paris, reproduction en fac-simile des originaux les plus rares et les plus intéressants pour l'histoire de la topographie parisienne. *Paris, Impr. Nationale,* 1880, 2 vol. gr. in-fol. nombr. pl. montées sur onglets, demi-rel. mar. vert avec coins, fil. ébarbé.

De la Collection de l'*Histoire générale de Paris*.

29. HISTOIRE DES PREMIERS MARTYRS de Lyon et de Vienne. Tirée de l'histoire ecclesiastique d'Eusebe. *S. l.* 1654, in-8, réglé fig. mar. noir, dos orné, fil. et comp. à la Du Seuil, tr. dor. (*Rel. anc.*)

MANUSCRIT sur papier, très bien écrit, et comprenant en tout 63 ff. Il est orné d'un titre frontispice, d'un grand blason à pleine page avec le titre répété, de 23 en-têtes ou culs-de-lampe et de 12 lettres initiales ornées, le tout admirablement DESSINÉ A LA PLUME par un artiste habile.

Ce volume est au chiffre et aux armes de MARIE-LOUISE DE GONZAGUE, née vers 1612, courtisée d'abord par Gaston d'Orléans, frère de Louis XIII, morte à Varsovie, reine de Pologne en 1667. Son chiffre, composé des lettres L M enlacées et surmontées de la couronne royale, figure sur le dos et les plats de la reliure et se trouve souvent répété dans les divers dessins qui ornent le texte ; ses armes desssinées à la plume occupent tout le recto du 2e feuillet.

M. le Dr Bouland, à l'obligeance duquel nous devons les renseignements qui précèdent, se propose de consacrer à ce curieux volume un article étendu dans un prochain numéro des *Archives des Collectionneurs d'Ex-libris* (voir au vo du 2e feuillet de la couverture).

Raccomodage à la marge supérieure des premiers ff.

30. VUES PITTORESQUES DE L'INDE, de la Chine, et des bords de la mer Rouge ; dessinées par Prout, Stanfield, etc. sur les esquisses originales du commodore Robert Elliot, accompagnées d'un texte historique et descriptif par Emma Roberts, traduit par J. F. Gérard. *Londres, Fisher, s. d.* (1835), 2 tomes en 1 vol. in-4, front. en couleur et pl. sur acier, mar. vert, dos et plats ornés, doublé de mar. noir et citron, tr. dor.

CURIEUSE RELIURE ornée de riches compartiments dorés, argentés et en mosaïque de maroquin rouge — On y remarque une pagode, un collier, des croissants, des étoiles, un pont sous lequel passe une barque, un temple, etc. A l'intérieur des plats figure un grand milieu en maroquin citron entouré d'un semis d'étoiles.

31. Armorial historique et généalogique des familles de Lorraine, titrées ou confirmées dans leurs titres au XIXe siècle... par A. Georgel. *Elbeuf*, 1882, gr. in-4, pap. vél. nombreux écussons, fleurons et culs-de-lampe, br.

32. Funerailles, et diverses manieres d'ensevelir des Romains, Grecs, et autres nations, tant anciennes que modernes, descrites par Cl. Guichard... *Lyon*, *Jean de Tournes*, 1581, in-4, fig. sur bois, mar. brun, dos orné, fil. encadr. milieu et comp. dorés, têtes de mort, larmes et ornemements divers à froid, dent. int. tr. dor. étui. (*Lortic.*)

Bel exemplaire.

33. Les plus beaux Ornements et les Tableaux les plus remarquables de Pompéi, d'Herculanum et de Stabiæ, d'après les originaux exécutés sur les lieux par Guillaume Zalm. *Berlin*, 1852, 2 parties en 1 vol. gr. in-fol. 100 pl. au trait ou en chromolithog. texte allemand et français, demi-rel. mar. r. avec coins, fil. non rog.

Troisième série de cette magnifique publication.
Exemplaire sur GRAND PAPIER VÉLIN.

BIBLIOGRAPHIE

34. Origines typographicæ, G. Meerman auctore. *Hagæ Comitum*, 1765, 2 vol. in-4, portr. par Daullé, pl. mar. citron, dos orné, fil. tr. dor. (*Rel. anc.*)

Très bel exemplaire réglé, sur GRAND PAPIER DE HOLLANDE, de ce savant ouvrage.

35. Les Elzevier. Histoire et annales typographiques, par Alphonse Willems. *Bruxelles, Paris, La Haye*, 1880, 2 vol. gr. in-8, planches, br.

Exemplaire sur GRAND PAPIER DE HOLLANDE.

36. De l'Imprimerie et de la librairie à Rouen dans les

quinzième et seizème siècles, et de Martin Morin, célèbre imprimeur rouennais ; par Ed. Frère. *Rouen*, 1843, in-8, v. f. fil. dent. int. int. tête dor. ébarbé. (*Petit-Simier.*)

Ouvrage tiré à 150 exemplaires et devenu très rare.

37. Marques typographiques, ou Recueil des monogrammes, chiffres, enseignes, emblèmes, devises, rebus et fleurons des libraires et imprimeurs qui ont exercé en France, depuis l'introduction de l'imprimerie en 1470, jusqu'à la fin du seizième siècle, etc. (par L.-C. Silvestre) *A Paris, chez P. Janet, L. Potier et J. Techener,* 1853, gr. in-8, 1310 fig. mar. grenat jans. dent. int. tr. dor. (*Alló.*)

Exemplaire sur GRAND PAPIER auquel on a ajouté une notice de M. Alkan aîné sur Silvestre.

38. CATALOGUE CHRONOLOGIQUE des libraires et des libraires-imprimeurs de Paris, depuis l'an 1470, époque de l'établissement de l'Imprimerie dans cette Capitale, jusqu'à présent.... (par Lottin). *A Paris, chez Jean-Roch Lottin de S. Germain*, 1789, 2 parties en 1 vol. in-4, v. f. dos orné, fil. dent. int. tr. dor.

Un des très rares exemplaires sur GRAND PAPIER de cet ouvrage important et recherché.

39. Questions de littérature légale. Du Plagiat, de la Supposition d'auteurs, des Supercheries qui ont rapport aux Livres, par Charles Nodier. Seconde édition, revue, corrigée et considérablement augmentée. *Paris, Crapelet*, 1828, gr. in-8, mar. brun jans. dent. int. tr. dor. (*Petit-Simier.*)

Bel exemplaire ; l'un des 12 sur GRAND PAPIER DE HOLLANDE.

40. Variétés, notices et raretés bibliographiques ; recueil faisant suite aux curiosités bibliographiques, par Gabriel Peignot. *Paris, Ant. Aug. Renouard,* 1822, in-8, demi-rel. mar. vert avec coins, dos orné, fil. tête dor. ébarbé. (*David.*)

Rare.
L'un des deux exemplaires tirés sur PAPIER BLEU.

41. Analectabiblion, ou Extraits critiques de divers livres rares, oubliés ou peu connus, tirés du cabinet du marquis D. R*** (Du Roure). *Paris, Techener*, 1836, 2 vol. in-8,

demi-rel. mar. r. avec coins, fil. tête dor. ébarbé. (*Bauzonnet.*)

Bel exemplaire sur PAPIER VÉLIN FORT avec un ENVOI DE L'AUTEUR à Mme la comtesse DU ROURE, sa mère, et quelques NOTES de sa main.

42. Plaisantes Recherches d'un homme grave sur un farceur, ou Prologue tabarinique pour servir à l'histoire littéraire et bouffonne de Tabarin, par C. Leber. *Paris, Techener*, 1856, in-16 de 80 pp. vign. mar. vert, dos orné, fil. dent. int. tr. dor.

Jolie édition tirée à petit nombre.

43. La Chasse aux bibliographes et antiquaires mal-advisés, par un des élèves que M. l'abbé Rive a laissés dans Paris (par l'abbé J.-Jos. Rive lui-même). *Londres* (*Aix*), 1789, 2 parties en 1 vol. in-8, demi-rel. mar. violet avec coins, non rog. (*Bauzonnet.*)

Satire violente contre plusieurs bibliographes ; très rare.
Exemplaire sur PAPIER DE HOLLANDE.

44. Mémoires d'un Bibliophile, par M. Tenant de Latour. *Paris, E. Dentu*, 1861, in-12, mar. r. jans. dent. int. tr. dor. (*Hardy-Mennil.*)

Exemplaire sur PAPIER DE CHINE provenant de la bibliothèque de J. JANIN.
Lettres curieuses sur divers sujets de bibliographie adressées à Mme la comtesse de Rancoigne. On y trouve des détails intéressants sur quelques amateurs célèbres ; un chapitre assez étendu est consacré aux libraires et aux étalagistes avec lesquels l'auteur a eu des relations.

45. MANUEL DU LIBRAIRE et de l'amateur de livres, par Jacques-Charles Brunet, 5e édition, *Paris, Firmin-Didot*, 1860-1865, 6 vol. — Manuel du libraire et de l'amateur de livres, Supplément... Par MM. Deschamps et G. Brunet, *Paris, Firmin-Didot*, 1878-1880, 2 vol. — Dictionnaire de Géographie ancienne et moderne à l'usage du libraire et de l'amateur de livres, par un bibliophile (P. Deschamps). *Paris, Firmin-Didot*, 1870. — Ens. 9 vol. in-8, demi-rel. mar. r. avec coins, dos orné, fil. tête dor. ébarbé. (*Belz-Niedrée* et *Pagnant.*)

Très bel exemplaire du comte de BÉHAGUE ; reliure uniforme.

46. Catalogue d'une partie des livres composant la bibliothèque des ducs de Bourgogne au XVe siècle. Seconde

édition reveue et augmentée du catalogue de la bibliothèque des Dominicains de Dijon, rédigé en 1307, avec détails historiques, philologiques et bibliographiques, par G. Peignot. *Dijon, V. Lagier*, 1841, in-8, v. f. fil. tr. dor. (*Simier.*)

Bel exemplaire.

47. Catalogue des livres de la bibliothèque de feu M. le duc de La Vallière, par Guill. de Bure, fils aîné. *Paris, G. de Bure*, 1783-1784, 9 vol. in-8, portrait, v. r. jaspé, fil. tr. dor. (*Bozérian jeune.*)

Exemplaire sur GRAND PAPIER, bien complet, avec les tables et les suppléments.

48. Description raisonnée d'une jolie collection de livres. (Nouveaux Mélanges tirés d'une petite Bibliothèque) par Charles Nodier, précédée d'une introduction par M. G. Duplessis, de la vie de M. Charles Nodier par M. Francis Wey et d'une notice bibliographique sur ses ouvrages. *Paris, Techener*, 1844, gr. in-8 demi-rel. chag. vert avec coins, dos orné, fil. ébarbé. (*Capé.*)

Bel exemplaire sur GRAND PAPIER avec la table des auteurs et la liste des prix d'adjudication imprimée.

49. Catalogue des livres en partie rares et précieux, composant la bibliothèque d'un amateur (M. L. T.) (Léon Tripier) et qui sont à vendre à la librairie de L. Potier, *Paris, Potier*, 1854, pet. in-12, mar. vert, fil. à fr. dent. int. tr. dor. (*Hardy.*)

Catalogue à prix marqués.
Un des quatre exemplaires sur PAPIER ROSE.

50. Catalogue des livres rares et précieux composant la Bibliothèque de feu M. Jacques-Charles Brunet, auteur du Manuel du Libraire... *Paris*, 1868, in-8, demi-rel. mar. bleu avec coins, dos orné, fil. tête dor. ébarbé. (*Pagnant.*)

Très bel exemplaire sur PAPIER DE CHINE, avec la table des noms d'auteurs, suivie de la liste des prix d'adjudication.
C'est ici le catalogue de la première partie de cette vente célèbre ; elle contient les livres rares et précieux. La deuxième partie contenant les livres ordinaires n'a pas été tirée sur papier de Chine.

51. Notice biographique sur le comte de Lurde, suivie du catalogue de sa bibliothèque, par le Baron Alphonse de

Ruble. *Paris*, 1875, in-8, papier vélin, demi-rel. mar. citron avec coins, dos orné avec mosaïque de mar. vert et r. fil. tête dor. ébarbé. (*Pagnant.*)

Catalogue tiré seulement à 60 exemplaires et contenant une description détaillée d'une collection de livres précieux, conservée et augmentée par M. le Baron de Ruble.
Superbe exemplaire.

52. Description des Livres de Liturgie imprimés aux XVe et XVIe siècles, faisant partie de la Bibliothèque de Mgr Ch.-Louis de Bourbon (comte de Villafranca), par Anatole Alès. *Paris*, *Hennuyer*, 1878. — Supplément, *Paris*, 1884. — Ens. 2 vol. gr. in-8, pap. de Holl. br.

Excellente bibliographie, très recherchée et tirée à petit nombre.

53. 1865-1885. — Bibliothèque d'un Bibliophile (Catalogue de la bibliothèque de M. Eugène Paillet, rédigé par M. Henri Béraldi). *Lille*, *Danel*, 1885, in-8, br.

Tiré à petit nombre et devenu très rare.

54. Bibliographie générale des ouvrages sur la chasse, la vénerie et la fauconnerie, publiés et composés depuis le XVe siècle jusqu'à ce jour... Avec des notes critiques.... etc. par R. Souhart. *Paris*, *Rouquette*, 1886, in-8 à 2 col. br.

55. Bibliotheca scatologica ou Catalogue raisonné des livres traitant des vertus, faits et gestes de très noble et très ingénieux messire Luc (à rebours)... traduit du prussien et enrichi de notes très congruantes au sujet, par trois savants en us (P. Jannet, J.-P. Payen et Aug. Veinant). *Scatopolis, chez les marchands d'Aniterges, l'année scatogène*, 5850 (1850), in-8, demi-rel. mar. r. avec coins, dos orné, fil. tête dor. ébarbé. (*Allô.*)

Voir pour des éclaircissements sur ce livre curieux, la *Petite Revue*, n° du 20 octobre 1865, page 155.
Très bel exemplaire ; l'un des deux tiré sur PAPIER DE CHINE, avec un second titre sur PEAU DE VÉLIN, contenant en outre : la répétition du premier feuillet de l'ouvrage, sur PAPIER DE HOLLANDE, une LETTRE AUTOGRAPHE de JANNET au Dr PAYEN, relative au livre, et le *fumé* de la figure du titre, sans les noms qui se trouvent au bas.
Cet exemplaire est celui du Dr PAYEN, l'un des auteurs, il a appartenu aussi à M. ARNAULDET, dont il porte l'*ex-libris*.

56. BIBLIOTHÈQUE HISTORIQUE DE LA FRANCE, contenant le catalogue des ouvrages imprimés et manus-

crits qui traitent de l'histoire de ce royaume, nouvelle édition, augmentée par Fevret de Fontette. *Paris,* 1768-78, 5 vol. gr. in-fol. v. ant. écaille, dos orné, fil. tr. dor.

Très bel exemplaire sur GRAND PAPIER, aux armes de TURGOT, d'un des ouvrages les plus importants et les plus utiles qu'ait produits la science bibliographique. Il provient en dernier lieu de la bibliothèque J. RENARD.

57. Les Femmes bibliophiles de France, (XVIe, XVIIe et XVIIIe siècles) par Ernest Quentin Bauchart. *Paris, Morgand,* 1885, 2 vol. gr. in-8, nombreuses reproductions d'armoiries, chiffres, reliures. etc. br.

Cette belle et excellente publication donne la description des livres ayant appartenu aux femmes célèbres des trois derniers siècles, avec le nom de leurs possesseurs actuels ; on y trouve, en outre, des détails biographiques et des notes bibliographiques du plus haut intérêt.

58. LA FRANCE LITTÉRAIRE, ou Dictionnaire bibliographique des savants, historiens et gens de lettres de la France, ainsi que des littérateurs étrangers qui ont écrit en français, plus particulièrement pendant les XVIIIe et XIXe siècles... Par M. J. Quérard. *Paris,* 1827 1864, 12 vol. — La Littérature française contemporaine. XIXe siècle. Continuation de la France littéraire... Par Quérard, Louandre et Bourquelot. *Paris,* 1842-1857, 6 vol. — Ens. 18 vol. in 8, demi-rel. mar. brun, tête dor. ébarbé.

Bel exemplaire.

59. Bibliographie romantique. Catalogue anecdotique et pittoresque des éditions originales des œuvres de Victor Hugo, Alfred de Vigny, Prosper Mérimée, Alexandre Dumas, Jules Janin, Théophile Gautier, Petrus Borel, etc., etc., etc., par Charles Asselineau. Seconde édition, revue et très augmentée, avec une eau-forte de Bracquemond. *Paris, Rouquette,* 1872, gr. in-8, front. demi-rel. mar. bleu avec coins, tête dor. non rog. (*Galette.*)

EXEMPLAIRE DE DÉDICACE A THÉOPHILE GAUTIER, relié depuis la vente de sa bibliothèque en 1873 et contenant son *ex-libris* gravé par Aglaüs Bouvenne. C'est un des 100 exemplaires sur GRAND PAPIER VERGÉ avec l'eau-forte de Bracquemond et le frontispice de Célestin Nanteuil pour la première édition ; on y a joint un exemplaire également sur GRAND PAPIER de l'*Appendice à la seconde édition de la Bibliographie romantique.* Paris, 1874, gr. in-8 br.

60. Biographie normande. Recueil de notices biogra-

phiques et bibliographiques sur les personnages célèbres nés en Normandie..., par Théodore Lebreton. *Rouen, A. Le Brument,* 1857-1861, 3 vol. in-8, demi-rel. mar. grenat, tête dor. ébarbé.

Exemplaire sur GRAND PAPIER, avec ENVOIS de l'auteur et de l'éditeur à M. EDOUARD FRÈRE ; quelques annotations et corrections manuscrites et articles de journaux ajoutés.

61. Livres liturgiques du diocèse de Troyes imprimés au XVe et au XVIe siècle, ouvrage orné de 86 gravures originales par Alexis Socard et Alex. Assier. *Paris et Troyes,* 1863, in-8, papier de Hollande, fig. v. f. dos orné, fil. dent. int. tr. dor. (*Petit, Sr de Simier.*)

Bel exemplaire.

62. Notice biographique et bibliographique sur Gabriel Peignot par P. D. (Pierre Deschamps). *Paris, Techener,* 1857, in-8, cart. toile blanche à recouvr. non rog. (*Behrends.*)

Exemplaire encollé.

63. Bibliographie des Œuvres d'Alfred de Musset et des ouvrages, gravures et vignettes qui s'y rapportent par Maurice Clouard..... *Paris, Rouquette,* 1883, in-8, portrait, br.

64. Notice anecdotico-bibliographique sur le Gamiani d'Alfred de Musset. Précédée de sa biographie et suivie d'un extrait des Mémoires de Céleste Mogador, par Ph. J. G. B. (Philomneste junior, Gustave Brunet) bibliophile. *Paris, Gaillard et Legay, MVIIILXXIV.* (1874), in-12, mar. r. jans. dent. int. tr. dor. (*Alló.*)

Tiré à 150 exemplaires.
On a ajouté à cet exemplaire le portrait en médaillon de Musset d'après Landelle et un fac-similé de son écriture tirés sur CHINE et : *Mme Lionel* (Céleste Mogador) *avec un portrait. Par E. Penouille.* Paris, s. d., brochure in-12 de 15 pp. avec sa couverture.

65. A. Parran. Romantiques, éditions originales, vignettes, documents inédits ou peu connus. Avec une figure de Tonny Johannot, gravée par Porret : Honoré de Balzac. *Paris, P. Rouquette,* 1881, in-8, fig. demi-rel. mar. brun jans. avec coins, doré en tête, non rog. couverture. (*Canape.*)

Bel exemplaire de M. J. NOILLY.

66. Bibliographie de l'Œuvre de P.-J. de Béranger, contenant la description de toutes les éditions, l'indication d'un grand nombre de contrefaçons, classement de suites de gravures, vignettes, etc., par Jules Brivois. *Paris, L. Conquet*, 1876, gr. in-8, demi-rel. mar. brun, tête dor. ébarbé.

Exemplaire sur GRAND PAPIER DE HOLLANDE.

67. Petrus Borel le Lycanthrope. Sa vie, ses écrits, sa correspondance, poésies et documents inédits par Jules Claretie, frontispice à l'eau-forte avec portrait de Ulm. *Paris, Pincebourde*, 1865, in-16, front. mar. rouge, 4 fil. sur les plats, et 4 fil. int. avec ornements aux angles, tr. dor. (*Marius Michel.*)

Un des 15 exemplaires sur PAPIER DE CHINE (*n° 15 et dernier*), relié sur brochure, avec le frontispice de Ulm en trois états sur CHINE : noir, bistre et sanguine. Il provient de la bibliothèque J. NOILLY.

BEAUX-ARTS

68. ICONOLOGIE PAR FIGURES, ou Traité complet des allégories, emblêmes, etc... par MM. Gravelot et Cochin. *Paris, Lattré, s. d.* 4 vol. in-12, front. portr. et pl. par Cochin et Gravelot, v. ant. rac. dos orné, fil. tr. dor.

Bel exemplaire possédant plusieurs planches avec les noms des artistes *à la pointe sèche.*

69. Recherches sur la vie et les ouvrages de Jacques Callot, par Edouard Meaume. *Paris, Vve J. Renouard*, 1860, 2 vol. in-8, papier vergé, fac-similés, mar. vert foncé, tr. dor. (*Belz-Niedrée.*)

Bel exemplaire de cette excellente monographie, indispensable aux nombreux amateurs des productions de ce célèbre artiste.

70. Manuel de l'amateur d'illustrations. Gravures et portraits pour l'ornement des livres français et étrangers. Par M. J. Sieurin. *Paris, Ad. Labitte*, 1875, in-8, demi-rel. mar. r. avec coins, tête dor. ébarbé.

Exemplaire sur GRAND PAPIER DE HOLLANDE, auquel on a ajouté 40 beaux portraits des auteurs cités, dont plusieurs sur CHINE et AVANT LA LETTRE.

71. 1872-1884. Mes Estampes. (Catalogue de la collection de M. Henri Béraldi, rédigé par lui-même). *Lille, Danel*, 1884, in-12 de 95 pp. papier teinté, br.

Tiré à petit nombre ; très rare.

72. LE PAUTRE (JEAN). COMPOSITIONS ET ORNEMENTS DIVERS. — *Paris, Mariette*, 1645-1667. — Ens. 6 vol. pet. in-fol. obl. v. ant. jaspé, dos orné, fil.

Important recueil de 708 planches renfermant de nombreux sujets de curieux et beaux ornements: Frises et feuillages, 48 pl. — Cartouches et Mausolées, 18 pl. — Trophées, 24 pl. — Cheminées, 55 pl. Vases, 49 pl. — Grotesques et mauresques, 18 pl. — Chaires, 12 pl. — Orfévrerie, 9 pl. — Panneaux, 56 pl. — Autels, 54 pl. — Tabernacles, 12 pl. — Tombeaux, 12 pl. — Alcoves, 6 pl. — Fontaines, 18 pl. — Plafonds, 24 pl. — Etc. etc.

Belles épreuves bien conservées, de ces pièces rares et recherchées.

73. RECUEIL DE PORTRAITS DES PRINCIPAUX PERSONNAGES DE LA COUR DE LOUIS XIV, gravés par Arnoult, Berey, Bonnart, Le Pautre, Mariette, Trouvain. — Ens. 2 vol. gr. in-fol. mar. r. dos et plats ornés de riches comp. et dent. au petit fer et au pointillé, doublé de mar. vert, dent. entrelacs de fil. et milieu doré et mosaïqué de mar. r. gardes de moire verte, tr. dor. étuis. *(Petit-Simier.)*

PRÉCIEUX ET IMPORTANT RECUEIL renfermant 169 portraits des principaux personnages de la Cour de France au XVIIe siècle. membres de la famille royale, ministres, hommes de guerre et personnages religieux, types et costumes divers. Parmi les plus beaux figurent ceux de Louis XIV, duc d'Orléans, Louis Dauphin de France, duc de Bourgogne, Philippe V d'Espagne, le grand Condé, duc de Conti, duc du Maine, comte de Toulouse, La Dauphine, Mademoiselle, duchesse de Bourbon, duchesse du Maine, Mademoiselle de Savoie, duchesse de Chartres, Henriette d'Angleterre, Mme de La Vallière, etc. etc.

Ces portraits, collés aux angles sur papier vélin fort, forment deux albums recouverts d'une riche reliure aux armes et au chiffre du baron SEILLIÈRE (Vente de Londres, 1887, 2,625 fr.).

74. ICONOGRAFIA ESPAÑOLA. Coleccion de retratos, estatutas, Mausoleos, y demas monumentos inéditos de reyes, reinas, grandes capitanes escritores, etc. desde el siglo XI hasta el XVII, copiados de los originales por D. Valentin Carderera y Solano. *Madrid, Campuzano*, 1855-64, 2 vol. gr. in-fol. pl. cart. perc. non rog.

Magnifique ouvrage, imprimé avec luxe et orné de 92 planches en noir et en chromolithographie, accompagnées d'un texte en espagnol et en français.

75. DIVERSARUM NATIONUM HABITUS, opera Petri

Bertellii. *Patavii*, 1594-1596, 3 parties en 1 vol. pet. in-fol. oblong. mar. r. dos orné, dent. sur les plats et dent. int. tr. dor.

Exemplaire renfermant les trois parties bien complètes de ce recueil, rare et recherché, de costumes gravés sur cuivre par Pierre Bertelli.

Première partie, 1594. — Titre gravé, 1 f. d'armoiries, 2 ff. de dédicace, 104 pl. numérotées et 2 pl. pliées pour les processions du pape et du doge.

Seconde partie, 1594. — Titre gravé, 1 f. d'armoiries, 2 ff. de dédicace, 78 pl. numérotées et 1 pl. pliée pour la procession du roi de Turquie.

Troisième partie, 1596. — Titre gravé, 1 f. d'armoiries, 2 ff. de dédicace et 78 pl.

Epreuves remontées à plat, possédant toutes les pièces de rapport qui manquent souvent. Les 2 ff. de dédicace de la seconde partie sont manuscrits.

76. Histoire des Arts industriels au moyen-âge et à l'époque de la Renaissance, par Jules Labarthe. *Paris, Morel*, 1864-66, 4 vol. gr. in-8 et 2 albums in-4, pl. en or et couleur, demi-rel, mar. r. avec coins, tête dor. ébarbé. (*Bertrand.*)

La première et la meilleure des éditions de cet excellent ouvrage.

77. Le Ceramiche e maioliche faentine dalla loro origine fino al principio del secolo XVI. Appunti storici del professore Federico Argnani. *Faenza, Montarini*, 1889, pet. in-fol. 20 pl. pliées en chromolithog. demi-rel. chag. r. non rog.

Belle publication tirée à 285 exemplaires numérotés.

78. Les Faïences patriotiques nivernaises, par Fieffé et Bouveault. Introduction par Champfleury. — Supplément. — *Nevers*, 1885-86. — Ens. 2 parties de 50 et 31 pp. et 60 pl. en chromolithogr. en feuilles dans un carton.

79. Examples of early English Pottery named, dated, and inscribed. By John Eliot Hodgkin and Edith Hodgkin. *London*, 1891, in-4, nombreuses vign. en couleur dans le texte, et planche hors-texte, cart. perc. jaune, fers spéciaux, tête dor.

Ouvrage tiré à petit nombre pour le compte des auteurs.

80. Jeypore Enamels by lieut.-colonel S. S. Jacob and

Surgeon-major T. H. Hendley. *London, Griggs*, 1886, in-4, demi-rel. perc. fers spéciaux, tr. dor.

Ouvrage orné de 28 planches en chromolithographie renfermant 120 sujets divers.

81. L'Ornementation des reliures modernes par MM. Marius Michel, relieurs-doreurs. *Paris, Marius Michel et fils*, 1889, in-8 carré, fig. et 15 planches hors texte, br.

82. Paul Eudel. — L'Hôtel Drouot et la curiosité. *Paris*, 1881-88, 8 vol. in-12, demi-rel. mar. brun, tête dor. non rog. couvertures. (*Pagnant.*)

---

83. Caricatures politiques et autres. — Réunion de 36 pièces in-4, et in-fol. lithogr. en couleur.

Caricatures extraites de la *Lune*, du *Grelot*, du *Pilori*, du *Don Quichotte*, du *Troupier*, du *Sifflet*, etc.

84. Casti (L.). Cinq lithographies, in-4.

Sujets divers.
Belles épreuves de premier tirage, avant la lettre, sur Chine.

85. Coindre (Victor). Vingt-une estampes lithographiées.

Scènes de théâtre pour *le Nabab*, *le Pardon de Ploërmel*, *Marta*, *la veuve Grapin*, *le Roman d'Elvire*, etc.
Très belles épreuves de choix dont 12 sur Chine et 14 avant la lettre.

86. Collette (A.). Quatorze lithographies, in-4.

Portraits d'acteurs et d'actrices célèbres dans leurs principaux rôles : Bocage, Arnal, Déjazet, Félix, Kopp, Menier, Ravel, Taillade, etc.
Epreuves sur Chine, dont 10 avant la lettre.

87. Dessins (Sept) de gens de lettres : MM. Victor Hugo, Prosper Mérimée, Edmond et Jules de Goncourt, Ch. Beaudelaire, Th. Gautier, Ch. Asselineau, fac-similés par Aglaus Bouvenne. *Paris, Rouquette*, 1874, in-fol. 7 pl. lithog. avec texte dans un carton.

Tiré à 70 exemplaires dont 50 seulement mis dans le commerce.

88. Diaz (Narcisse), peintre français. Paysage.

Esquisse a l'aquarelle signée de ses initiales N. D.

89. Divers. — Réunion de 12 pièces in-8, in-4, et in-fol.

Cette réunion renferme 4 DESSINS AU CRAYON NOIR; dont un très joli représentant l'*Innocence*, d'après Greuze; 4 DESSINS A LA SÉPIA et 4 DESSINS A L'AQUARELLE, représentant des por 's, costumes, fantaisies, vues diverses, etc.

90. Dumas (Alexandre). Album des Mousquetaires, dessiné par Philippoteaux, Marckl, Beaucé, etc., etc. *Paris, au bureau du journal Le Siècle*, 1852,gr. in-8.

Suite de 100 figures avec attributs, gravées sur bois, destinées à illustrer : *Les Trois Mousquetaires, Vingt ans après* et *le Vicomte de Bragelonne.*

91. Femme orientale et sa suivante.

AQUARELLE ORIGINALE montée sous passe-partout biseauté d'or.

92. Figures diverses, anciennes et modernes, gravées à l'eau-forte, sur acier, sur cuivre et chromolithographiées. — Réunion de 19 pièces.

Portraits; étude de nu; vues de monuments; cinq portraits de reines en couleur extraits de la *Galerie der Herrscherinnen. Karlsruhe*, 1845; beau portrait de Lagrange, gravé par Martinet, in-fol. (*épreuve d'artiste*), sur CHINE, avec ENVOI AUTOGRAPHE du graveur; etc.

93. Fromentin (Eugène). Types égyptiens; 2 pièces in-4.

DESSINS ORIGINAUX au crayon noir.

94. Gavarni. Physionomies de chanteurs. — Musiciens comiques ou pittoresques. — Réunion de 14 pièces, gr. in-8.

Lithographies extraites de la *Revue et Gazette Musicale.*

95. Hugo (Victor). Deux portraits.

Photographie in-4. — Portrait lithographié par Maurou, in-fol. Epreuve AVANT TOUTE LETTRE, sur CHINE, avec ENVOI de l'auteur.

96. Lithographies : *Etude*, par Jules Lefebvre, et *Patrie!* sujet militaire, lith. par Maurou, avec ENVOI AUTOGRAPHE — Deux pièces in-fol.

97. Lithographies diverses. — Trente-une pièces, par Maurou, Coindre, Gavarni, Stop, etc.

Portraits de compositeurs et d'actrices célèbres, 3 scènes théâtrales, caricatures, etc.

La plupart de ces pièces sont en ÉPREUVES D'ARTISTE, AVANT LA LETTRE, sur CHINE.

98. Meyer (Henri). Douze lithographies, in-4.

Epreuves d'artiste, avant la lettre, dont quelques-unes pour le quadrille de *Balladine et Casque en Fer*. Six d'entre elles sont tirées sur Chine.

99. Perea (Daniel). Quinze chromolithographies, in-fol. oblong.

Suite de 1 frontispice et 14 planches représentant les diverses péripéties d'une course de taureaux avec légendes espagnole, française et anglaise.
On a ajouté à ces estampes les affiches illustrées en couleur, de deux courses de taureaux aux arènes de Saint-Sébastien.

100. Photographies d'actrices françaises et étrangères. — Réunion de 94 pièces de format in-8 et in-4.

Portraits de Mesdames Zulma Bouffar, Duminil, Favart, Brown-Potter, Jeanne Granier, Krauss, Rosita Mauri, Miolan-Carvalho, Nilsson, Jessie Philipps, Tessandier, Vernet-Lafleur, etc.

101. Potographies diverses. — Réunion de 45 pièces de tous formats.

Vues des îles Hyères, des Pyrénées, portraits d'actrices: reproductions de statues anciennes et de tableaux modernes ; études de nu, etc., etc.

102. Portraits de cantatrices et d'artistes dramatiques diverses. — Réunion de 25 lithographies, par P. Maurou et autres, in-4 et in-8.

Portraits de Mesdames E. Faure, Fargueil, Luigini. Perly, Pettersson, Riboux, etc.
Epreuves d'artiste, la plupart sur Chine, avant toute lettre.

103. Portraits divers : Littérateurs, savants, ministres, compositeurs et acteurs célèbres. — Réunion de 33 photographies de divers formats.

Portraits de MM. Emile Augier, Bourgeois, Burdeau, José Dupuis. Octave Feuillet, Gambetta père, Gladstone, amiral Jaurès. Alphonse Karr, général Lecointe, Marmontel, Prince Impérial, Dr Ricord, Rouvier, etc.

104. Portraits divers, par Maurou, H. Meyer, Fraipont, etc. — Réunion de 43 lithographies in-4 et in-fol.

Portraits de Thiers, Gambetta, Gounod, José Dupuis, Chopin, Meyerbeer, Schumann, Schubert (ces deux derniers en chromolithographie), Massenet, etc,
Epreuves de choix, la plupart avant la lettre sur Chine.

105. Régamey (Félix). Six eaux-fortes.

Portraits de Mlle Schneider, Delmonico, Gounod, et sujets divers. Epreuves d'artiste, avant la lettre.

106. Théatre. Scènes diverses. — Réunion de trente-deux pièces.

1° Maurou. Cinq lithographies pour *Giroflé-Girofla, les Cloches du soir*, etc.
Quatre épreuves sur Chine, dont deux avant la lettre.
2° Lamy (A.). Treize lithographies pour *l'Africaine, le Petit-Duc, la Princesse de Trébizonde, la Périchole*, etc.
Sept épreuves sur Chine et quatre avant la lettre.
3° Colin (H.). Trois lithographies pour *Robinson Crusoë*.
Epreuves sur Chine.
4° Divers. Quatre lithographies dont trois en couleur, pour *la Petite Mariée*, et sept photogravures et eaux-fortes extraites des *Premières Illustrées*.

AUTOGRAPHES. — DOCUMENTS DIVERS

107. Académiciens, hommes d'État, ministres, etc. de la première moitié du XIXe siècle.

63 lettres autographes signées, adressées de 1802 à 1855, à MM. Eustache Grésy et Hilaire Boudet par MM. G. de Beaumont; de La Bouillerie, ministre; Campenon, membre de l'Académie française; Silvestre de Chanteloup; Dambray, chancelier de France; d'Arcet, membre de l'Académie des sciences; Dupin aîné, avocat; de Gérando; Guéneau de Mussy, membre de l'Académie des sciences; comte de Lanjuinais, pair de France; de Pastoret, ministre; Renaudière de Sacy; Séguier, premier président; comte de Plancy; Drouyn de Lhuys ambassadeur de France à Londres et ministre des affaires étrangères, etc.

108. Acteurs célèbres. — Réunion de 16 lettres autographes signées.

Arnal, Bouffé, Chollet (quittance), Duprez, Firmin, Lecomte, Le Peintre jeune et Le Peintre aîné, Levasseur, Mélingue, etc.

109. — contemporains. — Réunion de 30 lettres autographes signées.

Albert Brasseur, Coquelin aîné et Coquelin cadet, Cooper, Capoul, Dieudonné, Dupuis, Lassalle, H. et Anatole Lionnet, Luguet, Macé-Montrouge, Melchissédec, Pericaud, Prudhon, Sellier, Taillade, Henry Yrving, etc.
On a joint à cette réunion 21 lettres autographes signées de divers directeurs de théâtres : MM. Antoine, Bertrand, Gailhard, Koning, Porel, Rochard, Samuel, Vizentini, etc.

110. ACTRICES célèbres. — Réunion de 11 lettres autographes signées.

Mesdames Augustine Brohan, Rose Chéri, Duffesnoy, Dugazon (portrait ajouté), Malibran (reçu), Mars (à la 3e personne), Taglioni, Vestris (pièce signée), etc.

111. — contemporaines. — Réunion de 81 lettres autographes signées.

Importante et curieuse réunion renfermant des lettres et billets autographes de Mesdames : Sarah Bernhardt, Bloch, Bonnaire, Zulma Bouffar, Carvalho, Duc, Galli-Marié, Simon-Girard, Jeanne Granier, Grassot, Isabelle la bouquetière, Judic, Marie Laurent, Léonide Leblanc, Céline Montaland, Carlotta Patti, Suzanne Reichenberg, Marie Sass, Louise Théo, Ugalde, Segond-Weber, etc., etc.

112. ANATOLE, pensionnaire de l'Académie royale de musique : *Le Petit Chaperon rouge*, ballet pantomime en deux actes. — *Gusman d'Alfarache, ou Amour et intrigue*, ballet pantomime en deux actes.

Deux pièces AUTOGRAPHES in-4 de 10 et 8 ff. avec ratures et corrections.

113. AUTEURS dramatiques. — Réunion de 15 lettres autographes signées.

Théodore Barrière (intéressante lettre de 4 pp. in-8, à de Villemessant au sujet des *Alarmistes*), Ernest Blum, A. d'Ennery, d'Hervilly, Labiche, Valabrègue, etc.

114. BALZAC (Honoré de), le fécond romancier.

L. a. s. à M. Laugier ; 1 p. in-4.

115. BOULANGER (le général), ancien ministre de la guerre et homme politique.

L. a. s. au directeur de la *Petite République Française*. — Londres, 1er août 1889 ; 1 p. in-8.
Lettre relative à la politique révisionniste.

116. CARDINAUX, archevêques et évêques du XVIIIe siècle.

9 lettres signées, dont 5 AUTOGRAPHES adressées, de 1730 à 1791, à J.-Ch. Aubry, bâtonnier des avocats de Paris, par Jacques Bénigne Bossuet, évêque de Troyes ; de Caylus, évêque d'Auxerre ; Colbert de Croissy, évêque de Montpellier ; de Noailles, cardinal, archevêque de de Paris, etc.

117. COMPOSITEURS célèbres. — Réunion de 5 pièces.

1° LISZT. L. a. s., 1 p. in-8.
2° MEYERBEER. L. a. s., 1 p. in-8.
3° ROSSINI. L. a. s. en italien à Vechiotti, compositeur ita-

lien. Paris, 24 déc. 1855. 1 p. in-4.

4° Certificat signé par MÉHUL et portant également les signatures de CHÉRUBINI et de LE SUEUR.

5° Quittance signée par BOIELDIEU.

118. COMPOSITEURS célèbres. — Réunion de 14 lettres autographes signées.

Adam, Delibes, Halévy, Hervé, Victor Massé, Olivier Métra, Spontini, etc.

119. COMPOSITEURS et musiciens contemporains. — Réunion de 17 lettres autographes signées.

Benjamin Godard, Massenet, Mathias, Lecocq, Planquette, R. Pugno, Saint-Saëns, Serpette, Ambroise Thomas, Vasseur, etc.

120. DIVERS — Ministres, artistes, généraux. etc.

CENT-SOIXANTE-UNE LETTRES AUTOGRAPHES ou signées, de MM. Dupin; Dautresme; Drouyn de Lhuys; Wilson; Ricard; E. Raoul-Duval (19 lettres); Casimir Perier; Dr Bouillaud, membre de l'Académie de Médecine; Henriquel-Dupont, graveur; Emile Bayard, peintre; général Pajol, aide camp de l'empereur Napoléon III; Piétri, secrétaire du Prince Impérial, écuyer de l'Impératrice; Robert d'Orléans, duc de Chartres; général Valazé, sous-secrétaire d'Etat au ministère de la guerre, etc.

Quatre photographies ajoutées.

121. — Réunion de 89 lettres d'hommes célèbres : docteurs généraux, avocats, savants, journalistes, etc.

Importante réunion d'AUTOGRAPHES de MM. Auguis, duc d'Aumale, général Bataille, Dr Blanche, Blowitz, général Brugère, Me Decori, Geoffroy St-Hilaire, G. Macé, F. Magnard, de Nansouty, L. Pasteur, Papillon, brigadier Rossignol et son collègue Jaume, Ruggieri, St-Cère, Maurice Sand, Vacquerie, Vidocq, Auguste Vitu, Albert Wolff, etc., etc.

122. DORVAL (Marie), célèbre actrice.

L. a. s. — 1 p. in-12.

« Je joue demain Phèdre pour la première fois, c'est une étude d'art que j'ai voulu faire et pour laquelle j'ai compté sur les conseils de la Presse qui m'ont été si utiles dans ma carrière.

123. GAMBETTA (Léon).

Deux billets a. s. à une dame.

124. HOMMES D'ETAT et Ministres. — Réunion de 12 lettres autographes signées.

Berryer, Jules Favre, Guizot, de Rémusat, Thiers, etc.

125. LITTÉRATEURS célèbres. — Réunion de 9 lettres autographes signées.

Edmond About, Andrieux, Augier, Victor Cousin, Prévost-Paradol, Jules Sandeau, etc.

126. Littérateurs contemporains. — Réunion de 12 lettres autographes signées.

Alphonse Daudet, Maxime Du Camp, Alexandre Dumas fils, Halévy, Eugène Manuel, Meilhac, Yann Nibor, Victorien Sardou.

127. Louis XIV, roi de France. — Pièce signée sur parchemin, et contresignée Colbert. *St-Germain-en-Laye*, 5 avril 1678, 1 p. in-fol.

Décharge des amendes encourues par le Trésorier général des Galères Royales pour irrégularités dans l'exercice de l'année 1670.

128. Marx (Karl), célèbre socialiste allemand, l'un des fondateurs et des chefs de « l'Internationale », né à Trèves en 1814, mort à Londres en 1883.

L. a. s. — Londres, 3 février 1875; 2 pp. in-18.
Relative à l'impression, chez Lahure, d'un de ses ouvrage. Il ajoute à la fin: « MM. les bonapartistes, à ce qu'il paraît, ont fini par faire peur aux orléanistes, qui vous bâcleront maintenant à la hâte une république à leur façon. Mais une fois constituée je crois que celle-ci déjouera aussi l'intrigue orléaniste, mettra fin au régime rural et fera son bonhomme de chemin.... »

129. Membres de l'Académie française, hommes de lettres, journalistes.

Quarante-quatre lettres autographes signées de MM. Edmond About (4 lettres); Adolphe Belot (6 lettres); Camille Doucet; Beulé; Jules Janin (10 lettres); Paul Lacroix; Eugène Manuel (2 lettres); etc.

130. Papiers concernant M. Jacques-Charles Aubry, avocat au Parlement, conseiller supérieur de l'Université.

Dossier de 12 pièces manuscrites, dont 8 sur parchemin et 2 accompagnées de leurs sceaux de cire renfermés dans des étuis de ferblanc, datées de 1686 à 1737: extraits de registres, lettres, diplômes, etc.

131. Papiers relatifs à MM. Jacques-Charles Aubry, Guy-Charles Aubry et Charles-Philippe Aubry de Pontlevé.

Réunion de 15 pièces manuscrites datées de 1739 à 1787, parmi lesquelles: 1° Lettres patentes qui confèrent le titre d'Inspecteur général des Domaines à Guy-Charles Aubry, 1781, avec les signatures autographes de Louis XVI et de Amelot. — 2° Extrait des Archives de l'Université en l'honneur de J.-C. Aubry, l'un des quatre conseillers supérieurs de l'Université, 1739. — 3° Hommage des jeunes avocats à J.-C. Aubry, bâtonnier de l'ordre, 1781. — 4° État des affaires domaniales de M. Boudet, remis à M. Treilhard, ministre d'Etat, 1787. — 5° Lettres autographes de Ch.-Ph. Aubry, commandant général de la Louisiane, 1757. — 6° Narration manuscrite des exploits de Ch.-Ph. Aubry, 1758. — 7° Ses états de services. — 8° Diplômes et pièces diverses. — Etc. etc.

132. PEINTRES et sculpteurs contemporains. — Réunion de 12 lettres autographes signées.

Bartholdi, Berne-Bellecour, Detaille, Meissonier, Mercié, Aimé Millet (relative au monument de Gambetta), etc.

133. RACHEL (Elisabeth-Rachel Félix, connue sous le nom de Mlle), la célèbre tragédienne.

L. a. s. à M. Adam directeur du grand théâtre de Lyon. — Paris, 22 février 1841; 2 pp. in-8.

Belle lettre; elle va jouer à Bordeaux et à Marseille et regrette de ne pouvoir s'arrêter longtemps à Lyon où elle ne pourra donner qu'une seule représentation au bénéfice des inondés ou des pauvres : « Malgré l'opinion répandue qu'un artiste ne doit pas si vite retourner dans une ville où il a été comblé de marques de bienveillance, je n'aurais pas balancé à retourner à Lyon, j'aurais osé compter sur les mêmes bontés dont je suis encore toute fière et j'aurais redoublé d'efforts pour les mériter de nouveau. »

134 RELATION du naufrage du brigantin « *Le Père de Famille* » survenu le 17 février 1770. — In-4 de 10 ff. non relié.

PROCÈS-VERBAL MANUSCRIT, dressé par Jean Navarre, lieutenant de l'Amirauté de Guienne, d'après les dépositions de Jacques Jacquelin, commandant du navire, Jean Lacassaigne, chirurgien à bord dudit navire, Bedague et Latour, sergents, seuls survivants du naufrage. Le *Père de Famille* monté par 17 hommes d'équipage, et ramenant de la Nouvelle-Orléans un transport de 60 soldats et plusieurs passagers de marque, parmi lequels Ph. Aubry, commandant général de la Louisiane, Delaforest, lieutenant des troupes et sir Armestram, lieutenant-colonel de Georges III, roi d'Angleterre, se perdit corps et biens sur les récifs de la Tour de Cordouan, à l'embouchure de la Gironde. Tous les passagers furent au nombre des victimes.

Curieux récit intéressant à la fois l'histoire de l'Amérique au XVIIIe siècle et l'histoire navale et militaire de notre pays par tous les détails qu'il renferme.

135. RÉVOLUTION Française et Directoire.

32 LETTRES AUTOGRAPHES ou lettres signées, adressées de 1786 à 1800, à J.-G. Boudet, avocat au Parlement par Barentin; Caussin de Perceval (quatre lettres); duchesse de Cambis; Ferrand, député sous la Convention; Freteau de St-Just, président de l'Assemblée Nationale en 1789; duc de Gaëte; Gouy d'Arcy, Lepelletier de Saint-Fargeau, députés en 1789; duc et duchesse de Mortemart; lord Richmond, Mme de Fougeret; etc., etc.

Quatre portraits ajoutés.

136. RÉVOLUTION et Empire. — Réunion de 3 pièces.

1° SANSON, célèbre exécuteur des hautes-œuvres sous la Révolution : L. a. s. 2 pp. in-4.

2° CARNOT (Lazare). L. s. au général Quantin. Paris, 18 prairial An VII; 1 p. in-fol.

3° VANDAMME (le général). L. s. Boulogne, 11 messidor An XII; 1 p. in-4.

137. ROMANTIQUES. — Réunion de 4 pièces.

1° NERVAL (G. de). Pièce s. Paris, 28 juillet, 1854, 1 p. in-fol. Reçu de 250 fr. à titre d'encouragement en qualité d'auteur dramatique.

2° LAMARTINE (A. de). Deux l. a. s. Paris, 4 janvier 1863, 1 p. in-8, et Paris, 27 avril 1863, 2 pp. in-4.

3° SAINTE-BEUVE. L. a. s. 1 p. in-8.

138. SAVANTS, littérateurs, ministres, etc.

71 LETTRES AUTOGRAPHES ou lettres signées, adressées de 1832 à 1863, à M. Eugène Grésy, président de la Société des Antiquaires de France, par MM. Baroche, président du Conseil d'Etat; le R. P. Cahier; l'abbé Cochet; Drouyn de Lhuys, ambassadeur à Londres; Falloux, ministre de l'Instruction publique; Du Mersan, vaudevilliste; Egger, helléniste; Gigoux, peintre; Guénebault; Paul Lacroix (Bibliophile Jacob); Lebrun, de l'Académie française; docteur Ricord; baron Séguier; Villot; etc., etc. — Deux portraits ajoutés.

139. SÉNATEURS et Députés contemporains. — Réunion de 7 lettres autographes et de 23 signatures autographes.

Bardoux, Develle, F. Dreyfus, Étienne, Flourens, Yves Guyot, de Hérédia, Rochefort, Spuller, etc.

140. SILVESTRE (Armand), littérateur.

Deux l. a. s. de 1 page in-8 chaque, dont l'une contenant un quatrain. — On y a joint une pièce de vers autog. signée, 1 p. in-fol. avec ratures et corrections, comprenant onze strophes de 4 vers, datée du 11 novembre 1891, ayant pour titre : *Donnez !* et commençant ainsi :

Amis, tous ceux pour qui notre âme est fraternelle...

---

141. DOCUMENTS divers. — Réunion de 15 pièces.

Proclamation du général Bouet, rédigée en langue annamite, annonçant aux indigènes que la mort du Commandant Rivière sera vengée (1883). — Deux cartes postales renfermant l'une 2,800 et l'autre 3,131 mots. — Assignat de 1,000 francs. — Proclamations de l'Empereur Napoléon III et du Maréchal de Mac-Mahon, etc.

142. THÉATRE : Documents divers. — Réunion de 27 pièces.

Fragments de partitions brûlées lors des incendies de l'Opéra et de l'Opera-Comique. — Affiche de Mignon (25 mai 1887, jour de l'incendie). — Lettre de faire-part et photographie des obsèques des victimes de l'incendie de l'Opéra-Comique. — Neuf affiches théâtrales illustrées. — Partition manuscrite de 16 ff. composés par Mme Isabella Colbran, femme de Rossini. — Etc., etc.

SUPPLÉMENT

143. Le Nouveau Testament de Nostre-Seigneur Jésus-Christ, traduit en françois selon l'édition Vulgate, avec les différences du grec. *Mons, Gaspard Migeot,* 1678, 2 vol. in-16, mar. bleu, dos orné, large dent. sur les plats, doublé de tabis rouge, tr dor. (*Rel. anc.*)

Jolie petite édition de cette célèbre traduction dite de *Port-Royal*. Bel exemplaire.

144. HEURES EN LATIN ET EN FRANÇAIS. — In-24, v. ant.

JOLI ET CURIEUX PETIT MANUSCRIT du XVe siècle, sur VÉLIN, comprenant en tout 314 ff. et orné de SEPT MINIATURES, d'encadrements composés de branches de feuillages et d'environ vingt grandes lettres ornées en couleur sur fond d'or. — Dans la première miniature on voit un enfant chevauchant sur une perche terminée par une tête de cheval sculptée et bridée, dans la seconde, représentant l'*Annonciation à la Vierge*, figurent des anges peints en camaïeu rouge et occupant tout le fond du tableau. Mais ce qui donne surtout de l'importance à ce manuscrit, ce sont les nombreuses prières en français qu'il renferme et qui occupent près d'un quart du volume ; elles sont en vers ou en prose. On lit en tête de la première :

Pour moi por mes amis et pour trestoute gent.
Que Dieux nous doint honneur et maint a sauvement.
Pour le salut des vifs et de ceulx qui mors sont.
Que Dieu son paradis et sa grace nous dont.

Plusieurs de ces prières sont adressées à la Vierge, on y remarque en outre une traduction en distiques des psaumes de la pénitence, des litanies, etc.

Ce volume a appartenu à la DUCHESSE DE BERRY et porte son nom écrit de sa main ; il provient en dernier lieu de la vente CAPÉ. Hauteur : 90 mill.

---

145. GALERIE DU PALAIS-ROYAL, gravée d'après les tableaux des différentes écoles qui la composent. Avec un

abrégé de la vie des peintres et une description historique de chaque tableau, par M. l'abbé de Fontenai. *Paris, Couché et Bouilliard*, 1786, 2 vol. gr. in-fol. titre, dédicace et estampes gravés par Couché, Bouilliard, Delaunay, Delignon, Le Mire, etc. d'après les dessins de Wicar et autres, v. r. dos orné, fil et comp. dor. et à fr. tr. dor. (*Rel. anglaise.*)

Exemplaire sur GRAND PAPIER COLOMBIER, avec les figures AVANT LA LETTRE et les légendes tirées à part sur papier de soie; fort rare en cet état.

Tomes I et II, renfermant 253 estampes; huit des feuilles de papier de soie manquent et ont été remplacées par d'autres, sans légendes. Mouillure.

146. Symbolorum et emblematum ex animalibus quadrupedibus desumtorum, centuria altera collecta a Joachimo Camerario... (A la fin :) *Noribergæ, Paulus Kaufmann*, 1595, in-4, titre-front, et fig. mar. olive jans. dent. int. tr. dor. (*Chambolle-Duru.*)

Edition recherchée ornée d'un frontispice et de 100 jolies figures emblématiques, finement gravés sur cuivre.

147. Les Saintes Métamorphoses, ou les Changemens miraculeux de quelques grands saints, tirez de leurs vies, par J. Baudoin. *Paris, P. Moreau*, 1644, in-4, front. et pl. gr. sur cuivre, mar. brun, dos orné, fil. et comp. à la Du Seuil, dent. int. tr. dor. (*Amand.*)

Ouvrage imprimé avec les caractères imitant l'écriture inventés par P. Moreau.

Bel exemplaire de la collection d'Elzéar PIN.

148. Emblêmes d'Amour illustrez d'une explication en prose fort facille pour entendre le sens moral de chaque emblême. *S. l. n. d* in-4 de 51 ff. non ch. fig. mar. r. dos orné, fil. dent. int. tr. dor. (*Belz-Niedrée.*)

Volume orné d'un titre-frontispice et de 50 figures, gravés en taille douce. Chacune de ces figures est accompagnée d'un quatrain et d'une explication en prose.

149. Devises et Emblesmes d'amour moralisez. *Paris, Olivier de Varennes*, 1658, fig. mar, r. dos orné, fil. dent. int. tr. dor. (*E. Niedrée.*)

Livre peu commun orné de 1 frontispice et 50 curieuses figures emblématiques, gravés à l'eau-forte.

150. Essay de Pseaumes et Cantiques mis en vers, et enrichis de figures par Mademoiselle *** (Sophie Chéron).

Paris, Brunet, 1694, mar. brun jans. dent. int. tr. dor. (*David.*)

Ouvrage orné de 23 figures hors-texte, gravées par Louis Chéron, frère de l'auteur.
Bel exemplaire du PREMIER TIRAGE avec le frontispice gravé et les figures en épreuves AVANT LES NUMÉROS.

151. COSTUMES DES ORDRES RELIGIEUX ET MILITAIRES. *Middelburg*, 1660-65, 8 tomes en 4 vol. in-fol. v. ant. dos orné, fil. comp. et milieu dorés.

PRÉCIEUSE ET CURIEUSE SUITE DE DESSINS ORIGINAUX EXÉCUTÉS A L'AQUARELLE PAR CORNELIUS MARKÉE, artiste Hollandais du XVIIe siècle. Elle représente les costumes de tous les ordres religieux et militaires d'hommes et de femmes connus alors et dont les deux tiers et demi n'existent plus aujourd'hui. « Ces dessins, au nombre de HUIT-CENT-NEUF, commencés en 1660, ont servi plus tard à l'histoire de ces mêmes ordres, par le P. Hélyot, qui a puisé toutes ses descriptions dans cette source précieuse et abondante. »
Chaque tome est précédé d'un titre manuscrit avec encadrement en couleur.

---

152. ORAISON FUNÈBRE DE MARIE-TÉRÈSE D'AUSTRICHE, infante d'Espagne, reine de France, prononcée à Saint-Denis le 1er septembre 1683, par messire Bossuet. *Paris Mabre-Cramoisy*, 1683, in-4, fleuron par Séb. Le Clerc, mar. r. jans. dent. int. tr. dor. (*Trautz-Bauzonnet.*)

EDITION ORIGINALE.
Bel exemplaire sur GRAND PAPIER.

153. ORAISON FUNÈBRE D'ANNE DE GONZAGUE DE CLÈVES, Princesse Palatine, prononcée... le 9 aoûst 1685, par J.-B. Bossuet. *Paris, Mabre-Cramoisy*, 1685, in-4, fleurons, mar. r. jans. dent. int. tr. dor. (*Trautz-Bauzonnet.*)

EDITION ORIGINALE.
Bel exemplaire sur GRAND PAPIER.

154. ORAISON FUNÈBRE DE TRÈS HAUT ET PUISSANT SEIGNEUR MESSIRE MICHEL LETELLIER, chancelier de France, prononcée... le 25 janvier 1686, par J.-B. Bossuet. *Paris, Mabre-Cramoisy*, 1686, in-4, fleurons sur cuivre par Parosel, mar. r. jans. dent. int. tr. dor. (*Trautz-Bauzonnet.*)

EDITION ORIGINALE.
Bel exemplaire sur GRAND PAPIER.

155. ℭ Les Triūphes || de la noble et amoureuse Dame ||

et lart de honnestement aymer. || Composé par le traverseur des || Vosyes périlleuses (Jean Bouchet). || Nouvellement || imprimé à || Paris. || *Imprimé à Paris, par Jehan Real.* || 1541, in-8, goth. de 12 ff. prél. non ch. et 390 ff. ch. lettres ornées, mar. brun. fil. et comp. à fr. fleurons et milieu dor. dent. int. tr. dor. (*Chambolle-Duru.*)

156. MARGUERITES DE LA MARGUERITE des Princesses, très illustre royne de Navarre. *A Lyon, par Jean de Tournes*, 1547, 2 tomes en 1 vol. in-8, car. ital. fig. sur bois, mar. bleu, dos orné, large dent. sur les plats, tr. dor. (*Rel. anc.*)

Jolie édition, très recherchée, des poésies de Marguerite de Valois, publiées par Simon Silvius, dit *De La Haye*. Elle est ornée de jolies figures gravées sur bois d'après les dessins de Salomon Bernard, dit le *Petit-Bernard*.

Exemplaire aux armes de Louis XIV. Les plats de la reliure sont ornés d'une large dentelle au milieu de laquelle alternent des couronnes et des fleurs de lis, aux angles se trouvent deux cerfs, une levrette et un lièvre.

157. FABLES CHOISIES MISES EN VERS, par M. de La Fontaine, et par luy reveuës, corrigées et augmentées. *Paris, Denys Thierry et Claude Barbin*, 1678, 4 vol. — Fables choisies, par M. de la Fontaine. *Paris, Barbin*, 1694. — Ens. 5 vol. in-12, fig. de Chauveau, mar. r. fil. dent. int. tr. dor. (*Trautz-Bauzonnet.*)

PREMIÈRE ÉDITION COMPLÈTE, fort rare, publiée sous les yeux de l'auteur; elle est ornée de nombreuses figures de Fr. Chauveau, gravées sur cuivre et tirées à mi-page.

Bel exemplaire des bibliothèques de MM. WALCKENAER et DE GANAY, avec tous les volumes de bonne date.

158. CONTES ET NOUVELLES EN VERS, par M. de La Fontaine. *A Amsterdam*, (*Paris*), 1762, 2 vol. in-8, portr. fig. d'Eisen, vign. et culs-de-lampe de Choffard, mar. r. dos orné, dent. sur les plats, tr. dor. (*Derome.*)

Édition des *Fermiers Généraux*.

Exemplaire avec les figures du *Cas de Conscience* et du *Diable de Papefiguière* découvertes.

Jolie reliure de Derome avec dentelle *à l'oiseau*.

159. LES QUATRE HEURES DE LA TOILETTE DES DAMES, poëme érotique en quatre chants, dédié à S. A. la princesse de Lamballe, par M. de Favre. *Paris, Bastien*, 1779, gr. in-8. front. fig. et culs-de-lampe par Leclerc, demi-

rel. mar. r. avec coins, dos orné, fil. tête dor. non rog. (*Allô.*)

Bel exemplaire NON ROGNÉ sur GRAND PAPIER DE HOLLANDE.

160. ŒUVRES DE P.-J. BERNARD, ornées de gravures d'après les desseins (*sic*) de Prud'hon; la dernière estampe gravée par lui-même. *Paris, P. Didot l'aîné, An V*, 1797, in-4, 4 fig. hors texte, demi-rel. mar. r. avec coins, dos orné, fil. tête dor. non rog. (*Petit-Simier.*)

Très bel exemplaire, un des 150 tirés sur PAPIER VÉLIN FORT D'ANGOULÊME, avec la suite des figures de Prud'hon, en épreuves AVANT LA LETTRE. Les exemplaires sur ce papier sont les seuls qui contiennent les *Opéras* de l'auteur.

161. Œuvres de Jean Racine. Nouvelle édition plus correcte et plus ample que toutes les précédentes. *Paris, Cie des Libraires*, 1779, 3 vol. in-12, portr. par Santerre et fig. hors texte par De Sève, mar. bleu jans. dent. int. tr. dor. (*Chambolle-Duru.*)

Bel exemplaire.

162. LES NOUVELLES FRANÇOISES, ou les Divertissemens de la Princesse Aurélie (par R. de Segrais). *Paris, Ant. de Sommaville*, 1657, 2 vol. pet. in-8, front. sur cuivre, mar. bleu, dos orné, fil. dent. int. tr. dor. (*Trautz-Bauzonnet.*)

EDITION ORIGINALE, très rare. Cet ouvrage contient des nouvelles racontées par diverses personnes à la cour de Mademoiselle de Montpensier, à Saint-Fargeau. Mademoiselle est ici désignée sous le nom de la Princesse Aurélie. Segrais, qui les a publiées, dit lui-même dans son *Epistre à Mademoiselle la duchesse d'Espernon* qu'il n'en a été que le rédacteur.

Bel exemplaire, très bien conservé, provenant des bibliothèques du DUC DE VALENTINOIS, de LE ROUX DE LINCY et de M. BANCEL; il a été complété depuis du frontispice gravé sur cuivre, d'un f. plié contenant la *Clef des Nouvelles françoises* et du titre du second volume, qui manquaient précédemment.

163. Le Passe-Temps Royal de Versailles, ou les Amours Secrètes de Madame de Maintenon, sur de nouveaux mémoires très curieux. *Cologne, Pierre Marteau*, 1695, in-12, front. sur cuivre, v. f. fil. dent. int. (*Thouvenin.*)

PREMIÈRE ÉDITION de ce curieux petit volume.

Bel exemplaire NON ROGNÉ auquel on a ajouté les portraits de Mme de Maintenon, Mlle de La Vallière, Mme de Montespan, Louis XIV, gravés par Saint-Aubin.

164. Amours de Louis le Grand et de Mademoiselle du

Tron. *Rotterdam*, (*à la Sphère*), *s. d.* 2 tomes en 1 vol. in-12 de 192 pp. mar. r. dos orné à la Padeloup, fil. tr. dor. (*Rel. anc.*)

Pièce rare et curieuse.
Exemplaire du duc de LA VALLIÈRE.

165. Les Avantures de Télémaque, fils d'Ulysse, par feu messire François de Salignac de La Motte Fénelon. Première édition conforme au manuscrit original. *Paris*, *Delaulne*, 1717, 2 vol. in-12, portr.-front. 24 fig. de Bonnart et carte, mar. r. dos orné, fil. dent. int. tr. dor. (*Hardy-Mennil.*)

PREMIÈRE ÉDITION COMPLÈTE du *Télémaque*, publiée sur le manuscrit de l'auteur par son neveu, le marquis de Fénelon.
Bel exemplaire.

166. LES AVANTURES DE TÉLÉMAQUE, fils d'Ulysse, par feu Messire François de Salignac de la Motte Fénelon. Nouvelle édition enrichie de figures en taille-douce. *Paris*, *Jacques Estienne*, 1730, 2 vol. in-4, front. et pl. par Coypel, Cazes, de Favanne, etc. carte, mar. r. dos orné, fil. dent. int. tr. dor. (*Rel. anc.*)

Belle édition imprimée en gros caractères.
Exemplaire aux armes de la COMTESSE DE PROVENCE, femme de Louis XVIII.

167. Cymbalum Mundi, ou dialogues satyriques sur différens sujets, par Bonaventure Des Perriers... *Amsterdam*, *Prosper Marchand*, 1711, in-12, front. et 4 fig. de Bernard Picart, mar. r. dos orné, fil. dent. int. tr. dor. (*Chambolle-Duru.*)

Jolie petite édition possédant la lettre critique de Prosper Marchand.
PREMIER TIRAGE des figures de Bernard Picart.

168. Dialogues des Morts, composez pour l'éducation d'un prince (par Fénelon). *Paris*, *Delaulne*, 1712, in-12, mar. brun jans. dent. int. tr. dor. (*Cuzin.*)

ÉDITION ORIGINALE.

---

169. LE PREMIER (SECOND, TIERS ET QUART) VOLU || ME de messire Jehan Froissart, lequel traicte des || choses dignes de mémoire advenues tant || es pays de France,

Angleterre, Flan || dres, Espaigne que Escoce et au || tres lieux circonvoisins. Nou || vellement oultre les pré-cé || dentes impressiõs im || prime à Paris. || *On les vend en la rue Saint-Jacques a || lenseigne de la fleur de lys d'or en la bouticque || de Jehan Petit,* || *Mil. V. XXX.* (1530) || 4 tomes en 3 vol. in-fol. goth. à 2 col. titre en r. et noir, encadr. sur bois sur le titre, lettres ornées, bas. f. fil. et médaillon à fr.

Bonne édition de cette chronique. Le second volume porte le nom et la marque de *Galliot du Pré* ; les trois autres la marque de Jean Petit.
Timbre de bibliothèque sur la titre du premier volume ; piqûres de vers bouchées.

170. La Joyeuse et Magnifique Entrée de Monseigneur Françoys, fils de France et frère unicque du Roy, duc de Brabant, d'Anjou, Alençon, Berri, etc. en sa très renommée ville d'Anvers. *Anvers, Christophe Plantin,* 1582, in-fol. front. et pl. demi-rel. mar. r. avec coins, fil. à fr.

Relation très rare, ornée d'un frontispice et de 21 planches doubles, gravées à l'eau-forte.
Belles épreuves.

171. Discours des Cérémonies, honneurs et pompe funèbre faits à l'enterrement de... Charles III... duc de Calabre, Lorraine, Bar, Gueldre, Marchis, etc. Par Claude de La Ruelle. *A. Clér-lieu lez Nancy, par Jean Savine,* 1609, in-8, titre-front. gr. sur cuivre, mar. bleu, fil. dos et plats couverts d'un semis de C entrelacés alternant avec des croix de Lorraine, dent. int. tr. dor. (*Chambolle-Duru.*)

Très bel exemplaire d'un livre de la plus grande rareté ; il provient de la collection Ruggieri.

172. Histoire du Roy Henry le Grand, composée par Hardouin de Péréfixe. *Amsterdam, Louys et Daniel Elzevier,* 1661, pet. in-12, front. sur cuivre, mar. bleu, dos orné, fil. dent. int tr. dor. (*Hardy.*)

Première édition elzevirienne, fort bien exécutée.
Exemplaire du second tirage indiqué par Willems, (*les Elzevier,* nº 1272).

173. Charles Baudelaire, sa vie et son œuvre par Charles Asselineau. *Paris, Lemerre,* 1869, in-12, portraits, mar. olive jans. dent. int. tr. dor. (*Amand.*)

Édition originale ornée de cinq portraits gravés à l'eau-forte par Bracquemond et Manet.
Exemplaire de l'auteur, sur papier de Hollande, auquel il a

ajouté, outre divers articles de journaux anglais et français, le portrait de Théodore de Banville, eau-forte de Dehondecq ; le portrait de Poulet Malassis, pointe sèche d'Alphonse Legros (tirée à dix épreuves) ; le portrait d'Alphonse Legros, gravé à l'eau-forte, épreuve sur CHINE ; le portrait de Baudelaire collégien, photographie ; le frontispice de Bracquemond pour la seconde édition des *Fleurs du mal*, refusé par l'éditeur (de toute rareté) ; le portrait d'Asselineau gravé à l'eau-forte par Léopold Flameng, et une LETTRE AUTOGRAPHE de Baudelaire, signée, 4 pp. in-8, datée du 5 février 1866, et adressée à Asselineau : Il est malade et lui décrit les souffrances qu'il endure. La liste de ces adjonctions, de la main d'Asselineau, est fixée sur l'une des gardes. Il provient en dernier lieu de la Bibliothèque de M. J. NOILLY.

N° 756

IMP. TOURANGELLE, Suppligeon, gt., 20-22, rue de la Préfecture, TOURS

www.ingramcontent.com/pod-product-compliance
Ingram Content Group UK Ltd.
Pitfield, Milton Keynes, MK11 3LW, UK
UKHW022148170726
13837UKWH00004B/1866

9 782329 551593